감당하기 힘든 일이 끊임없이 밀려온다.
오늘 밤도 악몽을 꿀 것 같다.

글 **김준호**
그림책으로 삶을 성찰하며 살아가는 교사이며,
그림책으로 아이들을 만나는 교사들의 모임인 그림책사랑교사모임 운영자입니다.
삶이 힘들 때면 그림책으로 위로와 위안을 얻습니다.
한 권의 그림책이 세상을 아름답게 만든다고 믿습니다.
제 첫 그림책 〈좋은 아침〉이 여러분의 마음에 닿기를 바랍니다.

그림 **김윤이**
이 책의 그림을 마무리하던 날, 슬픈 소식에 많은 이들과 함께 눈물지었습니다.
학교 현장에서, 세상 여기저기에서 힘들어하는 사람들을
포근하게 안아 주는 그림을 그리고 싶었습니다. 작은 마음이나마 위로를 더합니다.
쓰고 그린 책으로 〈오늘은 오늘의 플리에부터〉, 〈나무 그림자에 숨은 날〉, 〈북한산 초록〉,
〈밀짚모자〉, 〈감자 이웃〉, 〈순천만〉, 〈꿈꾸는 동그라미〉가 있습니다.
📷 yunyeekim

좋은 아침

초판 1쇄 발행 2023년 9월 15일

글 | 김준호
그림 | 김윤이

발행인 | 최윤서
편집 | 김은아
디자인 | 최수정
마케팅 | 김수경
펴낸 곳 | (주)교육과실천
도서문의 | 02-2264-7775
인쇄 | 031-945-6554 두성 P&L
일원화 구입처 | 031-407-6368 ㈜태양서적
등록 | 2020년 2월 3일 제2020-000024호
주소 | 서울특별시 중구 창경궁로 18-1 동림비즈센터 505호

ISBN 979-11-91724-32-5
값은 표지에 있습니다.

좋은 아침

글 김준호 | 그림 김윤이

괜찮아, 다 잘될 거야.
행복해져라. 행복해져랏!

잠들기 전,
행복의 주문을 건다.

주문은 주문일 뿐.
새로 맞는 아침도
어제와 별반 다르지 않다.

"어서 와요. 좋은 아침이에요."
억지웃음을 지으며 아침 인사를 한다.

수업 내내 잠을 자거나 딴짓만 하는 아이들,
자존감이 바닥으로 뚝 떨어진다.

친구들한테 폭언하는 아이,
심지어 내게 욕설을 하는 아이도 있다.
심장이 터질 듯 요동친다.

자꾸 어긋난 길로 들어서는 아이들에게
아무것도 해 주지 못하는
나 자신이 원망스러운 날.

하루 일을 마치고 집으로 돌아가는 길에
하늘을 올려다보며 몰래 눈물을 흘린다.

왜 나만 이럴까.
이게 내 길이 맞기는 한 걸까.

내일 아침 또 마주칠 저 가파른 언덕을
정말 내가 오를 수는 있을까.

누군가에게 털어놓을 힘도 없이
무겁게 가라앉은 밤.

그림책이 아주 작은 목소리로
내게 말을 걸어온다.

어제와 별반 다르지 않은 아침을
새로이 맞는다.

"안녕! 좋은 아침이에요."

살 만한 작은 순간들은 예기치 않게 찾아오곤 한다.
그때까지 힘내어,

좋은 아침!